Far st
Earch

Printed in the United States of America

Second Edition Printing, 2021

ISBN: 978-1-955498-00-5

Press Here
410 S Michigan Ave Suite 420
Chicago, IL 60605

www.mattbodett.com

A PLAY FOR SIX

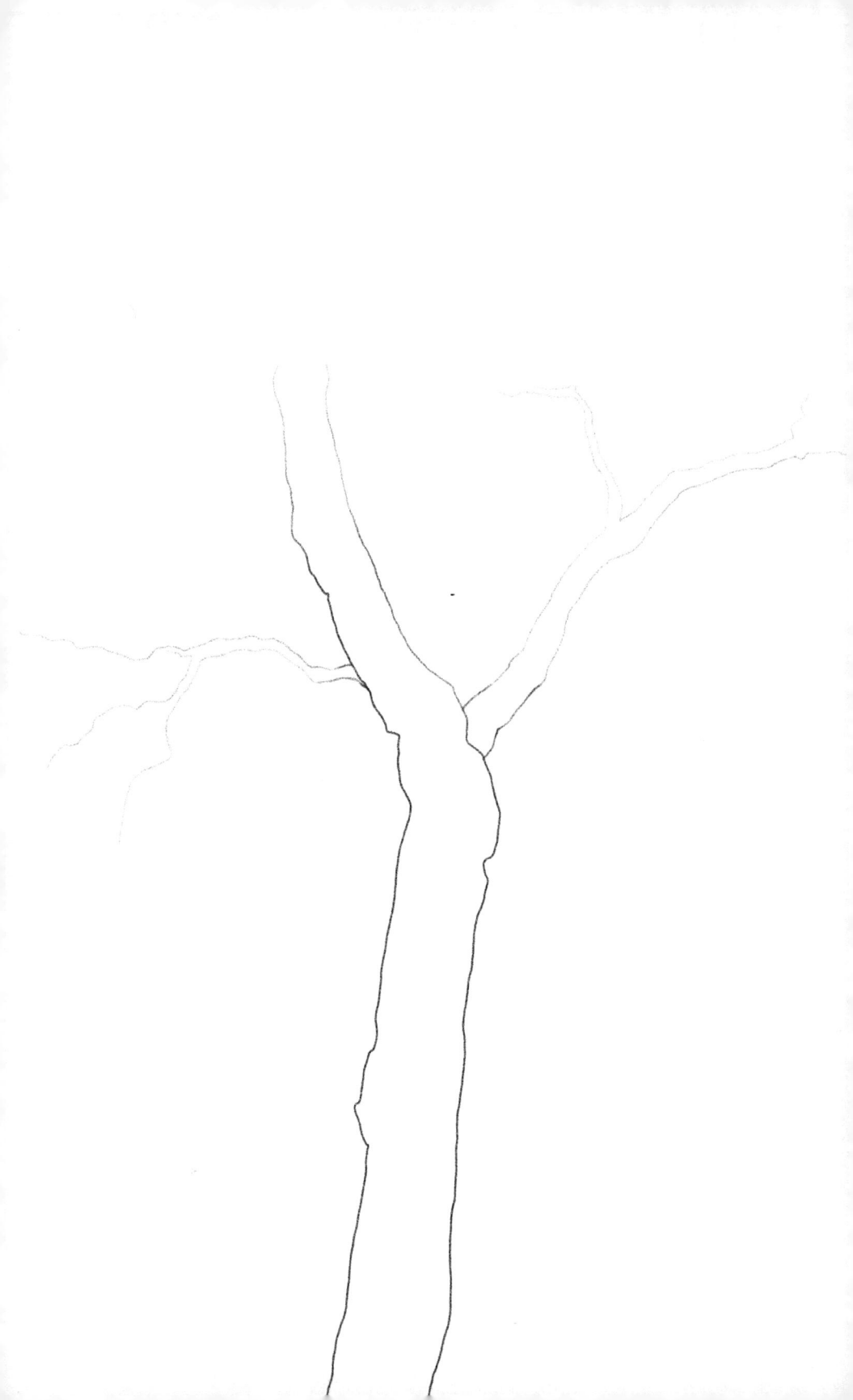

end

end

Act

n t h   n d

h n n   e h

h n   g

P

S

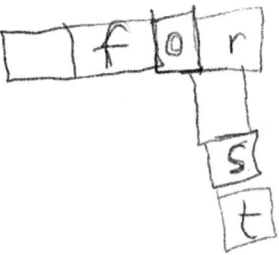

.

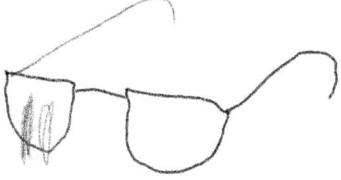

to

O!

wi

th

l

Ac t

2

1

3

6

9

4   0

5 0 0

o o
3 2

ω_1

1.5

th

Act

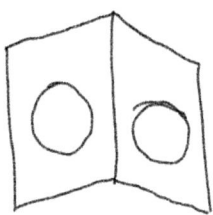

o rd

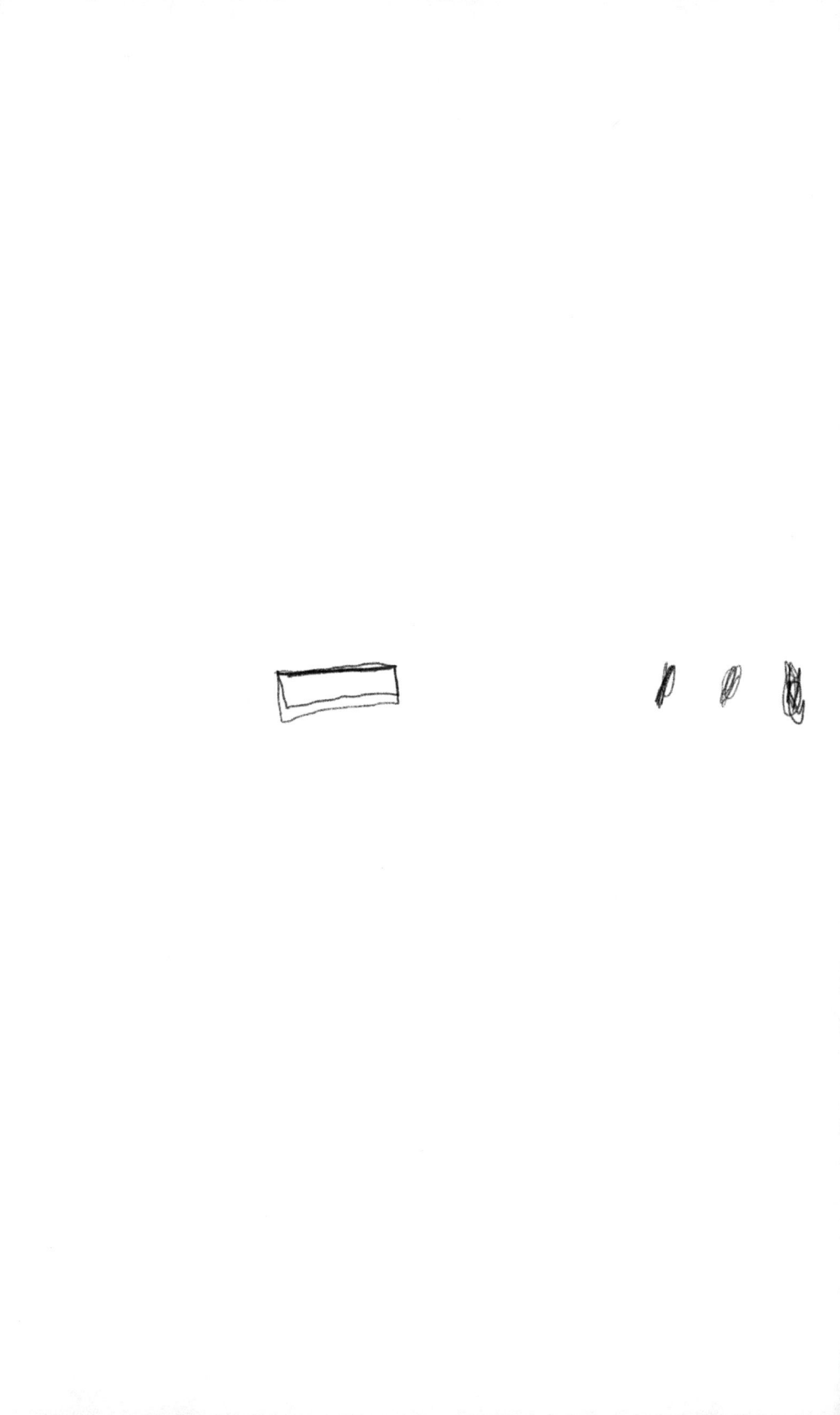

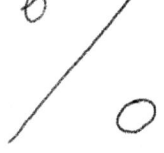

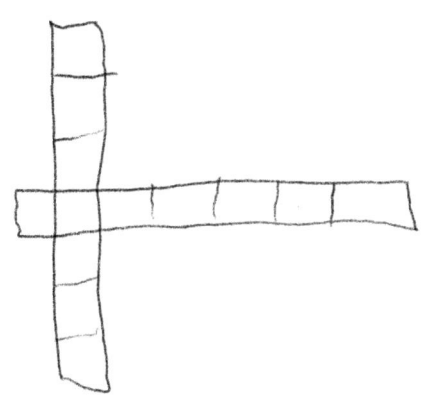

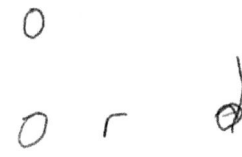

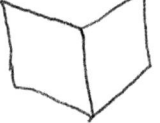

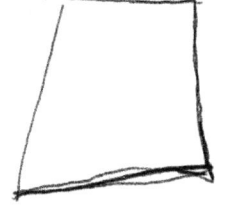

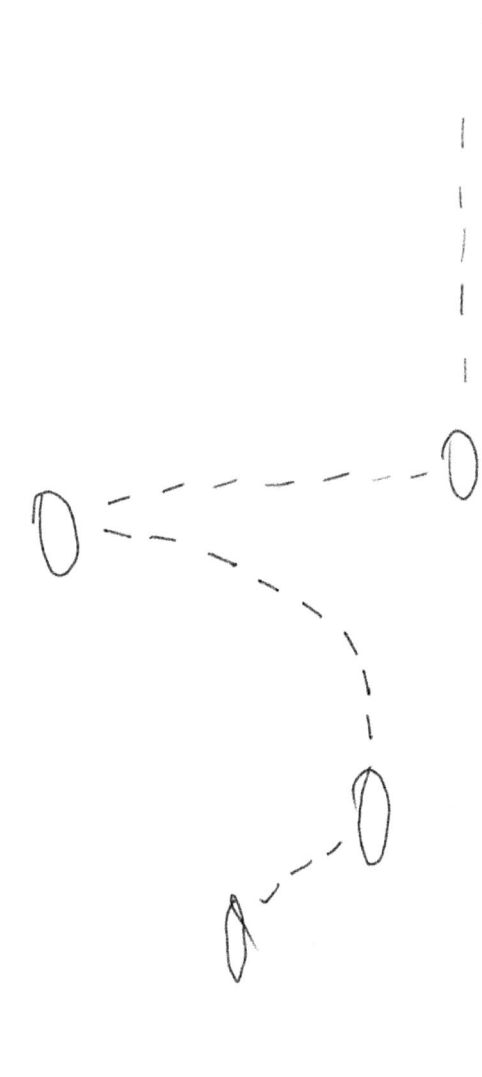

www.ingramcontent.com/pod-product-compliance
Lightning Source LLC
Chambersburg PA
CBHW020957090426
42736CB00010B/1364